# 公文書管理と民主主義

## なぜ、公文[illegible]のか



瀬畑 源



岩波ブックレット No. 1000

# はじめに

昨年(二〇一八年)、『公文書問題——日本の「闇」の核心』という本を集英社新書で出しました。これまでも、公文書管理に関する本を何冊か出したこともあり、最近では公文書管理問題の専門家とみられています。

ですが、私は天皇制の研究者で、最近では、特に昭和天皇の「戦後巡幸」を研究しています。敗戦直後から数年間、昭和天皇が全国を歩いて、国民を慰めたり、励ましたりしたことがありました。これを「戦後巡幸」というのですが、それを調べることで、戦前から戦後にかけて天皇制はどのように変わっていき、人々がどのように受け止めていったのか、ということを研究しています。それがなぜ公文書管理につながるのか、と思われるかもしれませんが、天皇制の研究に関して宮内庁といろいろやりとりをしているうちに、公文書管理の問題にかかわるきっかけができました。

もう少し詳しくお話しすると、明仁天皇に興味があったので、彼のことを調べていたのですが、存命ということもあり、なかなか資料が出てこないという問題がありました。たまたま私が大学院の修士課程在学中の二〇〇一年に情報公開法が施行されましたので、宮内庁に情報公開請求をしてみれば資料が出てくるのではないかと思い、軽い気持ちで公開請求をかけてみました。ところが出てくるのは、決裁文書ばかり、つまり、結果の文書しか出てこないんですね。

当時の宮内庁の情報公開窓口の方は、非常に親切で、かなり親身になって質問に答えてくれました。ですが、私の欲しい文書を分かってもらうために相当の時間がかかりました。決裁文書がどのようにして決まったのかについて知りたいんだ、ということを私は説明するのですが、全然話が通じない、かみ合わないんですね。そのようなことを繰り返す中で分かってきたことは、官僚というのは、過程の記録を残さない人たちなのだということです。でも、それは悪意があるわけではないんです。

「瀬畑さんがおっしゃっていることは分かりました。だけど、そういう文書を私たちは基本的には残しません。仕事として必要がないから捨てているんです」と言われて、ああ、そういうものなんだと思ったのが、公文書管理の問題に関心を持ったきっかけです。その後少しずつ調べ始めたら、非常に奥の深い話でした。最初はブログに公文書管理にまつわる様々な問題について書いていたのですが、公文書管理法を制定するという動きが起こる中で、ウェブ上でこの問題について集中的に書いている人は、私ぐらいしかおりませんでした。そこで出版社の目に止まって、公文書管理に関する本を書くことになりました。その本が、二〇一一年に公文書管理法が施行された時に書いた『公文書をつかう――公文書管理制度と歴史研究』(青弓社)という本です。

この本を書いた後に元の研究に戻ろうと思っていたら、今度は特定秘密保護法という問題が浮上しました。中国史研究者の久保亨先生に依頼をされ一緒に書いたのが『国家と秘密——隠される公文書』(集英社新書)という本です。さらにその本を読んだ『時の法令』という雑誌の編集者から連載をしてみませんかと言われ、それをまとめたのが冒頭で述べた『公文書問題——日本の「闇」の核心』です。正直言うと、本を出したのは公文書管理問題への注目が薄れつつある時期でしたので、最初はあまり売れていなかったのですが、発売翌月に、まさかの森友学園の公文書改竄《かいざん》問題が発覚して、何とも時宜に適った本としてよく売れました。

ですので、私は公文書管理の専門家というよりは、公文書を使う「利用者」の側の立ち位置からこの問題に取り組んできました。今回も、あくまで外部から公文書を使う側の人間として、この問題をどう考えているのかをお話ししているということを踏まえた上で、聞いていただければと思います。

# 1　隠蔽された公文書

## クローズアップされる公文書管理問題

二〇一七年以来、公文書管理の問題がクローズアップされることが多くなったように思っています。最初は、南スーダンのＰＫＯに派遣されていた自衛隊の日報問題ですね。ジャーナリストの布施祐仁《ふせゆうじん》さんが、自衛隊が毎日作っている日報について情報公開請求をしたのですが、防衛省からは日報は捨てたと言われてしまった。後に実は持っていたということが発覚しましたが、ここから始まった問題が、最終的にはイラク日報問題に飛び火をしていくことになりました。次に起きたのが森友学園の問題で、ここでも資料が出てこない。その後の加計《かけ》学園の問題に関しても、俗に「怪文書」と言われた文書が次々に出てくる中で、政府の側が、自分たちの正しさを文書でもって証明できないという状態で、長く揉めていく……そういうことが続いていったわけです。

これらの問題に共通するのは公文書管理がきちんと行われていないということです。しかもそれが問題化した後の対処を誤っている。そのことによってさらに問題が拡大していったわけです。全部を細かく説明していると大変なので、南スーダンと森友について話をしようと思います。

## 南スーダンPKO日報問題

南スーダンのPKO日報問題については、先ほどご紹介した布施祐仁さんが三浦英之《みうらひでゆき》さんとの共著で『日報隠蔽——南スーダンで自衛隊は何を見たのか』（集英社）という本を出されていて、そこに経緯がかなり細かく書かれています。

南スーダンでは、二〇一二年からPKOが展開されていましたが、その後も事実上内戦が続く中、自衛隊の基地の周りで戦闘が生じているという状況がありました。二〇一六年七月、駐留しているジュバで大規模な戦闘が発生した直後に、布施さんが、戦闘発生以降の現地部隊と中央即応集団司令部との間でやりとりをした文書について、情報公開請求を行ったことから問題が始まりました。

ところが、請求対象でもあった現地部隊が作成した日報を、防衛省はなかったことにしてしまおうとした。最初の請求では開示対象とせず、一〇月に日報をピンポイントで再度請求されたときには、「日報は保存期間が一年未満であり、もう他の報告書を作ったので廃棄した」と説明し、不存在という回答をしたわけです。

ただ布施さんは、戦闘が起きてからすぐに請求を出しているわけで、これはおかしいとツイッターなどでもつぶやき、新聞でもこのことは報道されました。それを目にした自民党の河野太郎行政改革推進本部長も疑問に思って、与党から防衛省に問い合わせが行ってしまったわけです。自衛隊は軍事組織です。普通に考えれば分かると思うのですが、軍事組織が、現場が書いた報告をないがしろにするなんてあり得ないことです。他国の軍隊でもそうですし、旧日本軍だって現場の報告は大事にしていました。その大事な現場の報告をリアルタイムで捨てていると聞いた河野氏は、そんなわけがないと思った。

自民党からの照会を受けて隠しきれなくなってしまった防衛省は、二〇一七年二月に日報を公開します。ところが、これまでの説明のつじつまを合わせるために、陸上自衛隊では捨てていたけれども、防衛省の統合幕僚監部に保管してあったものが見つかったという説明をつけて公開したんですね。しかしその後、陸上自衛隊内部からリークがあった。実は陸上自衛隊に日報は残っていて、しかもそれを存在しなかったことにするために、上層部が証拠隠滅を指示したということも次第に明らかになっていったわけです。当時の稲田朋美防衛相が関わっているかどうかが大きな問題になり、結局七月に稲田防衛相は辞任に追い込まれました。

## イラクＰＫＯの日報問題

この南スーダンＰＫＯ日報問題が飛び火したのが、イラクＰＫＯの日報問題です。南スーダンＰＫＯの日報問題が起きた時に、野党から、自民党の小泉純一郎政権当時にＰＫＯ活動のためにイラクに派遣されていた自衛隊の日報の開示要求が出されました。それに対し、稲田防衛相は、もう存在しない、という国会答弁を行いました。

後に防衛省がこの問題の経緯をまとめた報告書を見ると、イラクへのＰＫＯ派遣に関係した部局にしか問い合わせをしていない。しかも「すぐに答えろ」という調子で問い合わせ、それに対して見つからなかったという回答が来たので、稲田防衛相にそのように説明をした。それを受けた稲田防衛相は、国会で日報は存在しないと答弁したわけです。

ただ、稲田防衛相は、本当に存在しないのかということに疑問を持って、部下に再度聞いたらしいのですが、結局その部下が質問をきちんと受け止めなかったため、徹底調査は行われませんでした。ところが、南スーダンＰＫＯの日報に関して行われた特別防衛監察のさなか、二〇一七年三月二七日にイラクＰＫＯの日報も陸上自衛隊の研究本部教訓課で発見されていたのです。ただ、防衛省の報告書によれば、イラク日報は調査対象だとは考えず、陸上幕僚監部には報告されませんでした。

最終的にイラクＰＫＯの日報の存在に統合幕僚監部が気付いたのは、その後進められた、日報の集約作業の結果です。最終的に二〇一八年三月になって小野寺五典《おのでらいつのり》防衛相に報告が行われたのですが、その時に統合幕僚監部は一月に発見をしたと説明しました。ですから小野寺防衛相は当初、記者会見でそのように説明しました。しかし、小野寺大臣はきちんとしているなと私は思ったのですが、彼は「本当か?」と疑ったわけです。それで発見時期が本当に一月なのか調査をさせたところ、実は二〇一七年の三月に見つかっていたということが明らかになった。

結局、残っていたイラク日報は四月に公表されることになりました。残っていたのは全体の半分程度とされていますが、まだ隠されているのではないかと疑っている人も少なからずいる状態になっています。

**日報は公文書なのか**

日報問題の一連の報道では、日報の取り扱い方が焦点になっていました。日報が行政文書、公文書であることは当たり前だという認識が私にはありますが、どうも防衛省の中では日報が公文書であると認識されていたかどうかがそもそも怪しいということが、新聞などの取材を通して見えてくる。日報については、現場の一隊員が作ったものが上司のチェックをまともに受けないまま日々送られてくるものである——防衛省内ではそのように言われています。

実際にイラク日報をごらんになった方もいるかもしれませんが、たしかに日記のような記述が付いています。基地でそうめんを食べた話とか、そういった楽しい話題がいっぱい載っています。これはこれで、当時の部隊の雰囲気が分かる大切で必要な資料だと私は思うのですが、現場から上がってくるこのような日報が、防衛省内で行政文書としてきちんと認識されていたかどうか自体が怪しいということが明らかになってきたのです。

つまり、隠蔽する以前の問題として、そもそも日報が重要だと認識されておらず、それをどのように保存して、きちんと後々に伝えていくのかということも、あまり理解されていなかったように感じます。自衛隊という軍事組織において現場報告がそれだけ軽く見られているという事態は、自衛隊は組織として本当に大丈夫なのかという危惧を抱かせます。

また、南スーダンPKOの日報問題では、データの写しを各部署が持っているというケースが数多くありました。電子情報なので日報のコピーをそのまま渡されることがあるわけですね。ただ、どうもその写しが行政文書として認識されていなかったようです。実際にイラクPKOの日報を持っていたのは研究本部教訓課という、現場で起きた事態からどう教訓を作って、次につなげるかという研究をしていた部署ですから、どう考えても業務上必要な文書です。しかし、原本を廃棄して、個人資料（私的メモ）という形で管理をしていたのです。報告書では、研究本部のハードディスクにイラク日報などの様々な関連情報が、「個人資料」という形で入れられていたということが書かれていました。つまり、日常的な公文書の管理がおかしかったのではないかということが、この問題から見えてきたわけです。

森友学園に関する話はすでにたくさん報道されていますから、細かい経緯はあまり説明しなくてもいいと思いますが、二〇一五年に小学校の建設用地として国有地を学園に貸すというところから始まった話が、最後は売却するというところまでつながっていったわけです。安倍首相の妻の昭恵氏が小学校の名誉校長を務めていたということから、大きな問題になりました。

最初に問題になったのは二〇一七年二月のことですが、その時に財務省の佐川宣寿《さがわのぶひさ》理財局長は、売買に至るまでの交渉や面会に関する記録の保存期間は一年未満なのでもう捨てた、決裁文書しか残っていない、と説明しました。ただ、二〇一八年になった頃から、だんだんいろいろな文書が発見されて、それが報道される事態になっていきます。

そして、二〇一八年三月二日に『朝日新聞』が、森友学園に関係する決裁文書が書き換えられて国会に出されていたということを報道しました。官邸や財務省が否定したため、最初は『朝日新聞』の誤報だと騒いだ人たちもたくさんいたわけですが、三月八日には『毎日新聞』が続報記事を掲載し、九日には国有地売却に関わっていた近畿財務局の職員が自殺していたことが報道されます。また――これは後から判明したことですが――、政府内でも、国土交通省にあった決裁文書と国会に提出された文書が違うということが明らかになる中で、政府は一二日に決裁文書が書き換えられていたということを認めざるを得なくなったわけです。

## なぜ公文書が残されないのか

もともと近代の官僚制とは、文書に基づいて行われるものです。個人の恣意的な命令ではなく、きちんと文書を作り、各部署で印鑑を捺して決裁し、組織として決定することが大原則です。近代になると、行政の行う仕事は拡大し、複雑なものになっていきます。そのため、文書をきちんと作成し、業務内容を関係者が共有する必要があります。この文書主義が、官僚制を機能させるための基礎となります。それを曲げてしまうことは、官僚制の基盤を失う、つまり、信用をなくすことにつながるとても重要な問題です。

最終的に財務省がこの問題について六月四日に出した報告書では、佐川氏が捨てたと言っていた途中過程の記録が出てきました。籠池泰典《かごいけやすのり》学園理事長が話したことを記録した「応接録」です。この応接録の右上を見ると、保存期間が「事案終了まで」と書いてあります。ですので、財務省は、事案終了後は捨てておくべき文章であり、今残っているのがおかしいという解釈を取ったわけですね。捨てておくべき文書だったわけですから、たとえ見つかっても、公開するのではなくて捨てるという選択をしたということだったようです。

しかもこの応接録には、保存期間が一年未満と書いてある文書もあります。「一年未満」ということは、交渉が一年以上になることを想定していないことになりますが、要するに、自由に捨てられるようにわざと保存期間を一年未満にしていたのではないかということが見えてきたわけですね。公文書管理法では、保存期間一年未満の文書は各省庁の裁量で捨てることを、逆手に取ったとも考えられます。

ただ、財務省は、なぜ実際に応接録が出てきたのかということに関して、個人資料として手許に残した人がいたからだと説明しています。つまり、これは捨ててはまずいだろうと思った職員がコピーを持っていたのだと思います。そうやって残されていたものが、報告書より先に五月に公開されたわけです。

財務省の報告書では、改竄は理財局の指示で行われ、麻生太郎財務相は知らなかったと書かれています。正直言って、私もおそらく麻生財務相は実際に知らなかった可能性は高いだろうと思います――もちろん、知らなかったからいいという問題ではありませんが。ただ、麻生財務相は、自分の関与の否定にとどまらず、改竄は組織ぐるみではないということをずっと言い続けているため、結局その後も政府はこの問題の解決を「対症療法」の形でしか行っていません。これは第4章で詳しくお話しします。

## 政策決定のプロセスが見えない

これらの一連の事件で一番の問題であったのは、政策決定のプロセスが見えないということでした。

たとえば森友問題では、実際には二〇一七年二月の段階で関連する文書は存在していたわけです。この時に文書を全て出し、徹底的に議論すればその後の事態は変わっていたはずです。安倍昭恵首相夫人の関与は間接証拠でしかないので、実際に文書が全て出ていたとしても、追及に限界はあったように見えます。

実際に応接録などの文書を見ると、籠池理事長が相当無茶なことを言っていることが分かります。財務省は勇気を持って文書を出せばよかったわけですが、口頭で否定をするだけでやり過ごそうとしました。結局はそのことが、問題の長期化を招いたと言えるのではないでしょうか。

今回は話をしなかった加計学園の問題にしても、ひょっとすると加計学園はきちんとした手続きに則って選ばれたのかもしれません――自分で言っていても嘘っぽいですけど(笑)。ですが、追及された柳瀬唯夫元首相秘書官は、口だけで愛媛県職員に「本件は首相案件」とは言っていないと説明し、それだけで済まそうとしたわけです。そもそも当初、柳瀬氏は愛媛県職員と面会したこと自体、記憶がないと言っていました。口頭では済まさずに、面会してこういうことをしゃべりましたということを、きちんと文書で説明すればよかっただけの話です。文書で説明したとしても納得しない人は大勢いたでしょうが、口頭で済まそうとする姿勢が問題の長期化を招いているわけです。

## 問題にどのように対応すべきだったのか

ただ、私は公文書に関わるこのような問題は、安倍政権だから起きた話ではないと思っています。これは公文書の歴史を調べていればすぐに分かることで、正直に言うと、公文書管理が杜撰《ずさん》なのは以前からの問題です。ただ、これまでも述べてきたように、安倍政権は、問題が発覚した後の対応が突出してひどいです。

私が公文書問題において安倍政権と対照的だと思っているのは、民主党の野田佳彦内閣の時の岡田克也副総理兼行政刷新相の対応です。実は、公文書管理法が最初に大きな問題になったのは、東日本大震災後に設置された原子力災害対策本部の議事録が作られていなかったことが、二〇一二年の一月に発覚した時でした。

この時に岡田副総理は、対策本部だけではなく、東日本大震災関連で作られた一五に及ぶ委員会や対策本部全ての調査を行いました。公文書管理委員会に、どうして議事録が作成されなかったのかについて調査をさせた上で、各所にできる限り議事録を復元するよう指示を出しています。もちろん、以前から議事録をとっていれば済んでいたという話ではありますが、問題が発覚した時にどのように反省をして、きちんとした状態に変えていくのかということを、あの時の岡田副総理は考え、実行したと思います。この点については、今回のＰＫＯ問題でも小野寺防衛相には一生懸命取り組もうとしている姿勢が見えました。

## 2　情報公開制度はなぜ必要か

### なぜ公文書は残されないのか

では、そもそもなぜ重要な公文書が残っていないのでしょうか。やはり公文書管理法が理解されていないという問題があると思います。特に政策決定の過程の記録をきちんと残すという発想自体が欠けている政治家や官僚が、いまだに多いのではないでしょうか。

もう一つ――実はこれが結構大きいと思っているのですが――、情報公開が面倒くさいとかやっかいだと思っている人が各省庁に非常に多いという印象があります。ただ、これは私が官僚の立場だとしたら分かる気もするのです。

この情報を開示してください、という情報公開請求があると、その情報を持っている原課に話が行きます。最初は、請求者が求めている文書を探すことから始めます。担当者がまだその課にいれば、見つけるのはそれほど困難ではありませんが、異動や退職でいなくなっていると、とたんに探すことが大変になります。検索システムが機能するための分かりやすいタイトル付けをしていなかったり、仕事をしている本人が文書を抱え込んでしまっていてきちんと整理ができていないと、探すだけで時間がかかります。そして、公開できない部分はどこかということまで、情報公開の窓口の人と話し合って決める必要がありますから、非常に時間と人手がかかるのです。つまり情報公開への対応作業が、日常業務の上に被さってくるわけです。

しかも公開できない部分に墨を塗るのも大変なんです。昔はコピーした文書の上にマジックで塗っていました。最近はスキャンした上で、ＰＣ上で墨塗りをしているケースも多いようですが、そのままデータとして渡してしまうと墨を外されるケースもあるので、プリントアウトして渡します。データのままコピーをもらうことも可能ですが、その場合は、プリントアウトした文書をスキャンして、墨が外されないようにします。いずれにしろ、一つ一つの作業が非常に細かく、時間がかかります。

そうなると行政文書の範囲を狭くしようとか、請求の対象外にしたいとか、そういうインセンティブが働きがちになるのは当たり前のことかもしれません。情報公開に関わる人員をきちんと配置できていないという問題があるのですが、それでもやはり現場の人たちにとって情報公開は非常に辛いものになっている。

特に南スーダンＰＫＯの日報は、一日あたり七〇枚とかあるんですよ。作成した日報の全てを請求されると、一〇〇〇枚を軽く超えてしまう。そうなってくると、捨てたことにしてしまおうという心理が働きがちですね。

ただ、それはそもそもおかしな、本末転倒の話です。公文書管理法については、この後第3章で説明しますが、公文書をきちんと作成・保存・公開をして説明責任を果たすことが法律で定められているわけです。そもそも墨なんか塗らずに、可能な限り出してしまえばいい。また、検索システムをきちんとつくれば、必要な文書がもっと早く見つかるかもしれません。しかし、そうはなっていないわけですね。なので、文書を出せず、行政の側が自分たちの正しさを証明できなかったり、きちんと文書を出せば実はそれで済んでいる話であったことが、余計にこんがらがり、信用を失ってしまうという事態が起こっているのです。

しかし、なぜ公文書が残らないのか、という問題を個人の責任にしてはいけないと思うんです。今回の財務省の問題では、麻生財務相は理財局の職員などの個人の責任に帰してしまいましたが、本当は官僚制のあり方などに原因を求めなければいけないはずです。文書をきちんと作らない、あるいは残さないという発想は、実はかなり古くから積み重なっているものです。

さらに言えば、情報公開法の問題もあります。情報公開法が制定されて、審議会の配布物や議事録などが積極的に公開されるようになるなど、当然いい面もありましたが、情報公開法があるから、文書を作らない、公文書にはしない、そういうことが横行してしまう側面もあった。このことについても、第3章で説明したいと思います。

## 情報公開制度はなぜ必要か

ここから話を少し展開していこうと思います。さすがに今では情報公開制度自体を否定する人はいないと思いますが、皆さんは、そもそもなぜ情報公開制度が必要なのか、その理由をご存じでしょうか。

このことに関してよく紹介されるのが、アメリカ第四代大統領ジェームズ・マディソンが友人に書いた手紙の一節です。

> 情報が行き渡っていない、あるいは入手する手段のない「人民の政府」なる存在は、笑劇か悲劇の序章か、あるいはその両方以外のなにものでもない。
> 知識は無知を永遠に支配する。だから、自ら統治者となろうとする人々は、知識が与える力で自らを武装しなければならない。

従来法廷でメモをとることが許されていなかった傍聴人の権利を裁判で認めさせたことで有名なローレンス・レペタさんというアメリカ人弁護士がいるのですが、彼が講演でこのエピソードを紹介しているのを聞いて、私も、ああそうなんだ、と思いました。

官僚制度の代表的な研究者マックス・ウェーバーによれば、もともと官僚は情報を独占する本能があるのだそうです。日常生活でも思い当たる節があると思うのですが、何かを説明するときに相手が何も知らないと、すごく楽なんですね。相手は何も知らないわけですから、基本的にはこちらの説明を鵜呑みにするしかない。反論されたとしても、知識を持っている側が圧倒的に強いんですよ。あなたは、所詮感情論で反論しているだけでしょ、まあ、話は聞いておきますから……みたいな感じで済んでしまうわけです。知識は相手に渡さない方が物事は進めやすい。

特に官僚は、他の政治勢力より優位に立つために知識を独占したがる傾向がある。ですから、国民が主権者となるためには、その情報の不均衡――「情報の非対称性」とよく言われますが、要するに一方だけが情報を持っていて、もう一方が持っていない、そのような状況を是正する必要があります。これは官僚だけの問題ではなく、消費者運動などでも同様です。メーカーが全ての情報を持っている一方で、消費者が何も知らない状態で食品が作られていると、消費者は何を食べさせられているのか、メーカーにウソをつかれても分からないわけです。

国民や消費者が的確な判断を行うためには、知識や情報をきちんと手に入れて分析できる仕組み、情報公開制度が必要なのです。

## 市民社会のインフラ

では、この情報公開制度において、特に可視化される必要があるものは何か、お分かりでしょうか。それは、日報問題や森友問題のことなどでいろいろと説明してきたとおり、政策決定のプロセスです。公的機関で決定したものは基本的に公開されます。たとえば法律や条例が作られた場合、官報をはじめいろいろなところで公示されるわけです。ですが、主権者が知りたいのは、結果だけではなく、なぜそういうふうに決まったのか、あるいは決めようとしているのかということ、つまりその過程、プロセスですよね。プロセスが分からなければ、そもそも主権者は政治的な議論に参加できない。

ですから、情報公開制度とは、市民が議論をし、意見を述べるためのいわばインフラなのです。「オープンガバメント」、つまり市民の政治参加のために情報が公開されていることが重要になります。

加えて、行政側が自発的に情報を開示することが一番望ましい。つまり何かを調べたいと思うときに、行政のホームページにアクセスすればそこに情報が掲載されているというのが、情報公開の理想的なあり方です。

### 公文書管理の歴史

ここで少し話題を変えて、日本における公文書管理の歴史をたどってみたいと思います。一言でいえば、官僚が「自分たちにとって必要か否か」という観点で文書を管理してきた歴史です。

戦前における官僚たちは、国民への説明責任を持ちませんでしたが、その意識が戦後にも残っていくことになります。「検証」のために文書を残すという発想がそもそも貧困であるといえます。また、現在の仕事のために必要ではない文書は廃棄することも、戦前から続く習慣です。

その出発点には、明治維新以後の官僚制の肥大化があるように思います。実は江戸時代の文書は、それなりに系統立って残っていることが多いのです。そもそもの文書量が少なかったということもあるのですが、重要な文書を最終的にまとめ直す文書編纂事業がきちんと行われていたことが大きいです。

ですが、明治になると近代官僚制が成立し、しかも肥大化していきます。そうすると、文書が多くなるわけですね。当初運用された太政官制度では、重要な多くの案件を太政官に文書であげなければならなかったため、仕事が滞る状態になってしまいます。初代総理大臣の伊藤博文は、内閣制度を作った理由として、あまりにも太政官に文書が集中して、処理が上手くいっていないので、大臣ごとに責任を持たせて仕事をさせるということを挙げているほどです。

国立公文書館には、明治初期に編纂された文書が系統立って残されています。ですが、そのような状況の中で、だんだん編纂事業が間に合わなくなり、文書が軽視されるようになっていきます。

さらに大日本帝国憲法が制定された後の日本の官僚制は、行政大権をもつ統治権の総攬者《そうらんしゃ》である天皇に、各省の大臣と官僚が直結する、究極の縦割り組織になります。当然文書管理も各省に委ねられる中、さらに文書量がどんどん多くなっていくので、管理しきれない状態になっていく。そのような状況の中から、重要な文書と重要ではない文書を分けるという発想が出てくるわけですね。永年保存とされる文書もあれば、一〇年たったら捨てましょう、三年たったら捨てましょう、という文書も出てくる。そのような保存期間のシステムが次第に導入されていくことになります。

ただ、そこで保存期間の判断基準になるのは、当時の官吏たちにとっての「現用価値」でした。その時に必要なものは残す、不必要なものは残さないということです。ですから、彼らにとって重要である人事記録や決裁文書はたくさん残っているわけです。人事記録は自分たちが働いた記録ですから大切であることは想像できますね。また、実際の行政は決裁に基づいて行われるわけですから、決裁文書が残っていることも理解できます。それにくらべて、政策の決定過程の文書は基本的には残りにくい。決まった結果に基づいて政策は行われるわけですから、経過自体が大切な外務省や宮内省などを除けば、政策決定過程の文書については廃棄するという方向にインセンティブは働きがちです。

歴史研究者は、なぜそのような政策が行われたかという政策決定過程の文書を見たいわけですが、実際に残っている公文書とはずれているわけです。

## 私物化された公文書

その一方で、官僚や政治家たちが公文書を持ち帰っているケースも多い。昔の官僚には、良くも悪くも、自分が国家を背負っているという自負がある人たちが多くいました。そういった官僚たちは、自分たちの仕事の証として公文書を持ち帰ってしまう。ですが、本来であれば捨てられていた政策決定過程を記録した文書が、そのおかげで私文書として残っているというケースが多い。たとえば、東京大学には、美濃部洋次という昭和戦前期の商工省の官僚が持ち帰った文書がたくさん残っていて、研究に使われていたりもします。

私よりも三〇年、四〇年上の世代の歴史研究者には、「公文書の中にはまともな資料は残っていない」「公文書を見ていて何が書けるの？　政治家や官僚の家に行って私文書を集めてきなさい」と言う人も多くいました。政治家や官僚の家には、彼らが持ち帰った公文書に加え、手紙や日記などの私文書も残っていますから、そうやって集めてきた文書を使って歴史を書くことこそが歴史研究者の仕事であるということが常識であった時代が、かなり長い間ありました。また、実際に当事者がなぜそのような政策を行ったのかは、そもそも公文書に書かれることが少なく、個人の残した日記などを見ないと分からないということもありました。

最近は国立公文書館の資料も充実してきていますし、国立公文書館が運営するインターネット上のデジタルアーカイブ「アジア歴史資料センター」では、国立公文書館や外務省外交史料館、防衛省防衛研究所(旧陸海軍文書を保管)から提供を受けた、戦前の日本とアジア諸国との関係に関わる公文書がデジタル化されて閲覧することができるようになりました。特にネット上でいろいろなことが調べられるようになったり、目録がキーワード検索できるようになったことの意味は大きく、それまで見つからなかったような資料を見られることも増えてきましたので、さすがに今では公文書は歴史を書くときに使えないと言う人は減りました。

日本の官庁が、アジア・太平洋戦争の敗戦時に機密文書を一斉に燃やしたという有名な話がありますが、別にあの時に突然燃やしたわけではないのです。つまり、自分たちに不要であれば燃やしてもいいという発想がそもそもあったということなんですね。軍人や官僚たちには、なぜ日本が負けたのかという理由を説明する、国民に対して説明責任を果たすという考え方はありませんでした。ですから、自分たちにとって不利になる文書は基本的に燃やせ、という通達が全国に出されるわけです。特に、天皇に戦争責任が及ばないようにするということが大切だったので、それに関する文書、特に機密文書と言われるようなものは燃やされてしまいました。

ただ、先ほども説明したように、あの時にいきなり隠蔽体質が明らかになったわけではなくて、もともと官僚たちには、文書は自分たちのものであって、勝手に捨てたり残したりすることができるという考えがあったということです。

## 戦後の文書管理

このような意識が、戦後にどう変わったのでしょうか。

行政法の研究者によれば、敗戦によって憲法は変わったけれど、実は行政法はそれほど大きくは変わらなかったと言われています。また、ＧＨＱ、特にアメリカ軍は、基本的に日本の官僚機構を温存し、それを利用して統治を行うという考え方が主流でしたので、多くの行政機関はそのまま生き残りました――もちろん、内務省や司法省のように潰されたものもいくつかありますが。公職追放で幹部の人々はいなくなったとしても、機構自体は残るわけです。

日本国憲法の下で、官僚は天皇ではなく国民のために働くことに変わりました。しかし、官僚たちの国民に対する責任意識は希薄な状態のまま残りました。また、機構がそのまま残ったわけですから、文書の管理制度も統一化されない状態でそのまま残ってしまう。

さらに政治家の問題もあります。戦後日本では自民党の長期政権が続きました。政権交代がある国では、どのように情報を公開するか、という問題を政治家の側も考えるんですね。つまり、自分たちが野党になった時のことを考えますから。ですが、日本の場合は、自民党がずっと与党であり、行政府の情報を独占できるという立場であり続けた。つまり、与党と官僚が情報を独占する形が長い間続いたわけです。

なので、国政に関わる問題が生じた場合でも、国会において野党が資料を出すよう要求しても、与党が出さないことがとてもよくある。何か問題が起きたときには、関連する情報が出された上で議論が行われるべきですが、今でもこのようなことが普通に起きているわけですね。

**構造的な問題**

最近、雑誌『現代思想』の「公文書とリアル」という特集号(二〇一八年六月号)に、政治学者の前田健太郎さんがおもしろい論文を書かれていて、「なるほど」と思ったことがいくつもありました。前田さんは、そもそも日本の官僚制には、知識が文書の形で蓄積されていないという問題があるのではないかとおっしゃっています。つまり、各省庁では、特定の部署に長年在籍する「ノンキャリア」の職員が情報を占有していて、文書の形では知識が蓄積されていない。だから、「キャリア」官僚はそのような職員に話を聞かなければ政策を立案することができないという側面があるのではないか、ということです。

私も、大蔵省出身の政治家が「情報は全部ノンキャリの人が知っていて、僕らはそれを元にしていろいろなことをやっているだけです」と話していたのを読んだことがあります。つまり日本では、組織による行政ではなく、人による行政という側面が今でもあるのではないか、ということです。

さらに前田さんがおっしゃっているのは、日本の公務員数が、他の国と比べて尋常ならざるほど少ない、ということです。実は日本の人口あたりの公務員数は、アメリカの半分ぐらい、ドイツやフランスの三分の一ぐらいしかいない。このことは、高校の現代社会の教科書にも載っています。

よく、日本は小さな政府を目指さなければならない、公務員数を減らさなければならない、と言われますが、すでに一九六九年に、公務員の数の上限を定める総定員法という法律が成立しています。国立公文書館は、総定員法成立後の一九七一年に設置されました。公文書管理に関する部局に人員が割かれない、大きくできないという問題の背景には、実はこの総定員法があるのではないか、と思っています。

また、行政に企業的経営のセンスを導入すべきだとする「新公共管理論」(NPM)が一九八〇年代以降盛んになっていく中で、手続きよりも成果が求められるようになり、行政における手続きがさらに杜撰になっていったということがあるのではないかということも、前田さんはおっしゃっています。

## 増大する文書量

そして、コピー技術の発展によって、文書廃棄がさらに進んでいきます。昔の複写を作る方法は、カーボンコピーです。紙と紙の間にカーボン紙を挟んで、上から筆写したりタイプライターで打ったりしてコピーを作るというスタイルです。そのような時代では大量にコピーをとるのは大変なことでした。ですが、青焼きコピー機が普及するようになると、コピーを取ることは簡単になりました。さらに、現在のように安価ですぐにコピーが取れるようになると、どんどん文書量が増えていきます。

その結果、どういうことが起きるかというと、文書がオフィスにあふれるようになるわけです。するると、事務能率を上げるためには文書を捨てろというインセンティブが働くようになった。一九六七年に各省庁統一文書管理改善週間という政府の取組が始まりました。当時の報告書などを見ていると、各省庁で文書を捨てる量を競い合っていたということが分かります。実はこの時にものすごく大量の文書が、重要なものも含めて捨てられたのではないかということが言われています。

さらに地方自治体の文書については、一九五〇年代の政府主導による自治体の合併（昭和の大合併）の時に、大量の文書が捨てられているという問題があります。その問題は政府も認識していて、二〇〇〇年代の「平成の大合併」の時には、総務省や国立公文書館が、あまり文書を捨てないよう呼び掛けをしたのですが、やはり多くの文書が捨てられてしまったようです。

## 情報公開運動の進展

ただ、その一方で、一九七〇年代からは、日本でも情報公開運動が行われていくようになります。一九六六年にアメリカに情報自由法ができたこともあり、情報公開という考え方が日本に紹介されてくるようになったわけです。一九七六年にロッキード事件が起きた時には、関連する文書が出てこないことが大きな問題となりました。

そのロッキード事件をきっかけに政治不信が高まり、自民党政権が危機に立たされていた当時、自民党を割って出た河野洋平氏らがつくった新自由クラブが「情報公開法」の制定を要請、大平正芳首相がそれを受け入れるということがありました。大平首相はこれを受けて公文書の公開窓口を各省庁に作らせるなど、この問題に取り組もうとしました。ですが、一九八〇年の解散総選挙の最中に大平首相が亡くなり、同情票が集まったことによって自民党が大勝してしまうと、すべてが忘れ去られてしまいました。

ただ、情報公開運動に携わった人たちは、自民党が動かないのであれば、地方から運動を積み重ねていくという方針をとりました。その背景としては、アメリカにおいても情報自由法ができるまでには、各州などの地方から法律を作っていったという認識があったようです。神奈川県がその運動をリードしており、一番目ではなかったのですが、一九八二年に情報公開条例が作られました。その後、運動が全国各地に広がっていきました。

## 文書館運動の高揚

もう一つの流れとして、文書館運動というものがありました。もともと歴史的な古文書をどのように残すかという問題があり、特に地方ではその保存問題が深刻化する中で、一九五九年に山口県に文書館が設置されました。旧藩主の毛利家から寄贈された古文書を保管する場所を必要としたことがきっかけでした。山口県を皮切りに各自治体に古文書を保管するための文書館が設置されていく中で、その文書館に歴史公文書として行政文書も保管されるようになっていきます。特にこの時期には、自治体史の編纂が盛んに行われたということもあり、文書館は、編纂のために集めた資料を保存・公開する場としても位置付けられるようになりました。

一九八七年に公文書館法が作られたこともあり、さらに文書館が各地に作られていくことになります。ちなみに先ほども紹介しましたが、国立公文書館ができたのは一九七一年のことで、文書館運動の流れの中に位置付けられることになります。

この文書館運動が、一九八〇年代以降、情報公開運動と連動していったわけです。もともと歴史的古文書を保管するために設置された文書館が、公文書をきちんと保存し、公開する場所として位置付けられていったのは、一九八〇年代以降の動きだと思います。

## アメリカからの要請

情報公開については、海外からも要請がありました。特に、強く主張したのはアメリカです。

一九八〇年代のレーガン政権下で、アメリカは新自由主義改革が進みました。新自由主義とは、「一般的には、国家の経済領域への介入による各種の調整を否定し、契約自由の原則、市場原理による景気調整等、自由主義の「復活」を企図する思想及び政策体系」のことです(菊池信輝『日本型新自由主義とは何か――占領期改革からアベノミクスまで』岩波現代全書、二〇一六年、v頁)。イギリスのサッチャー政権やアメリカのレーガン政権などに顕著に見られ、日本でも中曽根康弘政権や小泉純一郎政権、現在の安倍晋三政権などが、新自由主義的な改革を行っています。

一九八〇年代に、対日貿易赤字が深刻になったアメリカのレーガン政権から、日本の官僚による行政指導や基準・認証制度などを利用した企業活動への介入が、アメリカからの貿易障壁になっているとの批判を受け、行政手続きの透明化や情報公開制度の導入を行うように求められました。日本の官僚制が、企業活動に「行政指導」を行うことで介入し、自由な経済活動を阻害しているとの問題意識が、当時のアメリカには存在したのです。たとえば、日本企業はアメリカの情報自由法によって、競合他社の薬品の製造認可申請書を米国食品医薬品局から入手できますが、日本側は公開されていなかったことが問題にされていました。

そこで、官僚からの恣意的な介入を批判し、企業情報の公開を迫ったのです。一九八九年から九〇年にかけての日米構造協議でも、同様の主張がなされました。

そのため、市民からの要望とアメリカからの要望の両方からの圧力により、日本政府は行政手続きの透明化を図るための行政手続法を一九九三年に制定することになりました。それまでは、何らかの申請を行政機関に行った場合でも、それを受理するか否かは各機関の裁量でした。行政手続法の制定によって、行政指導の責任者と内容を明確にすることや、申請に対する審査基準の統一化など、官僚が行う手続きのルールが法律で定められました。

## 情報公開法の制定

情報公開運動が地方や民間で進み、アメリカからの要望があったにもかかわらず、政府の動きは鈍く、情報公開法の制定には、一九九三年の自民党の下野が必要でした。自民党の後を受けて成立した非自民の連立政権である細川護熙内閣は、看板として行政改革を掲げ、情報公開法はその一環として組み込まれることになりました。

その後、連立政権は崩壊し、一九九四年には、社会党と新党さきがけと連立を組んだ自民党が政権に復帰することになります。情報公開法制定の動きもまた頓挫するのではないかと思われたのですが、新党さきがけや、その後連立に入る自由党などが情報公開法制定を強く主張したこともあり、自民党政権下でも既定路線として検討が続けられることになりました。とはいえ、自民党内の抵抗も大きく、一九九八年に情報公開法案が閣議決定された後も、国会では三度も継続審議になりましたが、結局、一九九九年に情報公開法は制定され、二〇〇一年から施行されることになりました。

## 3　情報公開法と公文書管理法

### 公文書の「不存在」

情報公開法によって、はじめて行政文書——公文書が定義され、行政文書管理の統一化が図られました。少し先取りをしていえば、この管理の統一化がうまくいかなかったことが、二〇〇九年の公文書管理法の成立につながることになります。

ただ、このときの公文書の定義は今も変わっていません。以下の三つの条件を満たすものが行政文書であるということが定義されました。

①行政機関の職員が職務上作成・取得したもの
②組織的に用いるもの
③その機関が保有しているもの

もちろん、この行政文書のなかには電子データや映像なども含まれます。

しかし、法律の実際の運用においては、②の「組織的に用いるもの」という定義が問題となりました。情報公開法で問われていたのは行政機関としての説明責任ですから、たとえば職員個人が電話を受けながらとったメモなどは、備忘録として書いたもので組織的に用いた文書とは言えないので除外されることになります。官僚の中には、この②の定義を意識的に狭くとることによって、情報公開から逃れようとする動きが出てきました。

情報公開法の施行までは、そもそも公文書の定義がなかったため、市民から文書の請求を受けたとしても、見せる、見せないという基準は、官僚の裁量で決めていました。自分たちが作成している文書が公文書であるか否かは、それほど気にしませんでした。ですが、情報公開法施行後には、行政文書は請求されたら原則公開しなければなりません。よって、何を行政文書としないかというような発想が生まれてしまったわけです。

そこで起きたのは、行政文書の「不存在」の多発という問題です。「不存在」といっても、実際に作らないということだけではなく、文書が大量に捨てられたりもしました。運用に際しては、「行政文書ファイル管理簿」という文書目録の公開が義務づけられたのですが、請求を避けるためにファイルに曖昧なタイトルがつけられているなどの問題もあって、検索システムが全く使えず、管理簿を調べても全然分からない。これも「不存在」といえるでしょう。要するに、行政文書管理の杜撰さがあらためて明るみに出たわけです。

## 公文書管理法の制定

そのような問題の一因として、行政文書が各省庁で分担管理されているという原則がありました。統一した運用を行おうとしても、法的に具体的な管理方法が決まっているわけではなかったので、各省庁は文書管理の方法をあまり変えませんでした。そのため、統一的なルールとして公文書管理法の必要性が認識されるようになりました。つまり、情報公開法がきちんと機能するためには、文書がきちんと作られ、管理をされ、保存されている必要があり、それが法的に担保される必要がある、ということです。

ただ、当時、私も関係者からいろいろ話を聞いたことがあったのですが、情報公開法ですら制定するのに容易ではなかったのに、公文書管理法はもっと難しいと思っていたようです。ところが、たまたまこの問題に興味関心がある政治家である福田康夫氏が総理大臣に就任したことによって、大転換が起きました。

もともと福田氏は、公文書管理というよりは、歴史的な公文書を保管する公文書館に興味があった人だと思います。福田氏の話によれば、以前に父親の後援者から前橋市の敗戦直後の写真がほしいと依頼され、米国国立公文書館に行ったところ、時間をおかずに写真が出てきて驚いたことから、公文書館に興味を持ったようです。

また、そもそも歴史に興味がある方のようですね。以前に講演を聴いたことがあるのですが、孫文の支援をしていた大陸浪人である宮崎滔天《みやざきとうてん》という人物についてとても楽しそうに語る姿が印象的でした。宮崎滔天を知っているだけでもかなりマニアックなわけですが。彼は歴史資料としての公文書がなぜ日本にあまり残っていないのかということを、問題意識として持たれていたのだと思います。歴史的に重要な公文書を残そうとする場合は、公文書がきちんと作成され、保存されていないといけないと考え、公文書管理法の制定を目指したのでしょう。

その福田氏が二〇〇七年に総理大臣に就任し、公文書管理法の制定が現実化していくことになります。法律制定のための有識者会議が作られ、当時大学院生だった私もよく傍聴していましたが、会議での議論は、みんなでこの問題を何とかしようという意欲に満ちあふれていました。担当大臣であった上川陽子氏は、必ず会議に参加して、議論に参加をされていました。普通こういった会議では、大臣は一回目と最後に来て挨拶するぐらいなのですが、上川氏は非常に意欲的にこの問題に取り組んでおられました。

公文書管理法と情報公開法は車の両輪であって、両方が揃って初めてきちんと運用ができるということを、福田首相はきちんと分かっていたと思います。ただ、福田首相は年金未納問題などで二〇〇八年九月に退陣し、公文書管理法は次の麻生政権下で成立することになりました(二〇〇九年七月公布、二〇一一年四月施行)。

公文書管理法を一言で説明すると「文書のライフサイクルを一元的に管理する」法律ということになります。具体的には、文書の作成から保存のあり方、そして文書の保存年限が切れた時に国立公文書館に渡すのか、捨てるのか、どのように利用させるのか、そういうことを決める法律です。

公文書管理法の第一条にはこう書いてあります。

この法律は、国及び独立行政法人等の諸活動や歴史的事実の記録である公文書等が、健全な民主主義の根幹を支える国民共有の知的資源として、主権者である国民が主体的に利用し得るものであることにかんがみ、国民主権の理念にのっとり、公文書等の管理に関する基本的事項を定めること等により、行政文書等の適正な管理、歴史公文書等の適切な保存及び利用等を図り、もって行政が適正かつ効率的に運営されるようにするとともに、国及び独立行政法人等の有するその諸活動を現在及び将来の国民に説明する責務が全うされるようにすることを目的とする。

改善の余地はありますが、いい文章だな、と思います。つまり、公文書の管理は、民主主義のためであり、行政の検証のために必要なのだということを明記してあるわけです。「現在及び将来の国民」への説明責任と書いてあるように、今の私たちだけではなく、未来の国民に対しても説明責任が果たせるように文書を管理しなければならないと定められています。

そして、第四条では、文書の作成義務が述べられています。

行政機関の職員は、第一条の目的の達成に資するため、当該行政機関における経緯も含めた意思決定に至る過程並びに当該行政機関の事務及び事業の実績を合理的に跡付け、又は検証することができるよう、処理に係る事案が軽微なものである場合を除き、次に掲げる事項その他の事項について、文書を作成しなければならない。

経緯も含めた意思決定に至る過程を合理的に跡付け、検証することができるように、軽微なものを除いて文書を作らなければいけないということが書いてあるわけです。しかも「第一条の目的の達成に資するため」として、第一条の目的に沿うことが明記されています。

また、文書の廃棄は行政機関の長が決定するけれど、内閣総理大臣の承認が必要という形になり、各機関が自分たちの意思だけで廃棄することができなくなりました。事実上の審査は、内閣府の公文書管理課が中心に行うことが定められています。さらに、文書管理の問題が生じた時には実地調査をできることや、歴史的に重要な文書に関しては、国立公文書館等に移管して保存、公開することが定められるなど、初めて公文書に関するルールが統一化されることになりました。もちろん不十分な点もいろいろあるのですが、公文書管理法が成立したことによって、明治以来の公文書管理制度が、その発想を含めて変わったわけです。

ただ、だからこそ公文書管理法が根付くには時間がかかるだろうということは、私も最初から思っていました。当時は、最低でも一〇年と考えていましたが、最近ようやく存在自体が認識されてきたところですから、定着するまでにはこれから一〇年は必要かもしれません。

また、その後の二〇一三年に、公文書管理法に被さる形で特定秘密保護法が成立したことには大きな懸念を抱かざるをえません。公文書管理法が十全に運用されず、文書管理が不十分な状態で「特定秘密」が指定されたり、またそれにともなって文書が意図的に隠されたり、消されたりするのではないかということを強く危惧しています。

## 4　公文書管理はどのように行われるのか

### 公文書の範囲が狭められる

では、現在の安倍政権はどのような方針で、公文書管理の問題に対応してきたのでしょうか。

実は安倍政権は、加計問題への対応策として、二〇一七年一二月に公文書管理法の運用規則である「行政文書の管理に関するガイドライン」の改正を行っています。この改正では、公文書の作成に関して、文書の「正確性」を期するために、複数の職員による確認を経た上で「文書管理者」（課長級）が確認すること、また外部との交渉記録に関しては相手からも確認をとることが付け加えられました。

加計問題では、文部科学省から様々な文書が出てきましたが、安倍政権はそれらの文書を「怪文書」にしたい、つまり公文書ではないと言い切りたかったのでしょう。そのために、複数の人が確認し、課長が認めたものでなければ行政文書ではない、というルールを作りあげてしまった。

もちろんこれだけでも大問題ですが、私はこの改正によって想像以上にまずい方向にいくのではないかと危惧しています。ご説明したように、一二月の改正では公文書の作成・確認作業が非常に煩雑なことになってしまっています。明らかに現場への負担を強いることになっている。たとえば、外部との会議録を作る際に、相手に確認を取って修正する余裕はそれほどありません。よって、相手が載せると困る発言は会議録に入れないようになる。今回の加計学園の問題で、内閣審議官が「総理のご意向」と話した発言は、当然記録されないでしょう。確認したときに、消してくれと要望される可能性が高いからです。揉めそうにならない当たり障りのない記録しか、作られなくなる可能性が非常に高いと言えるでしょう。

本来、外部との交渉記録は、双方が自分たちで記録を残しておけばよいのです。何らかの合意があった場合に、双方で照らし合わせて文書を作ることは必要ですが、細かいやりとりの部分は、自分たちがどう理解したかを記録すればよい。もし問題が起きたら、双方が記録を開示すればよいだけです。

そして、「文書管理者」が行政文書であるか否かについて最終判断するということについては、やはり行政文書の範囲が狭められる可能性が高まると思わざるを得ません。実際、この改正に基づいて、各省庁の行政文書の管理規則は変えられてしまいました。この影響は数年後には出てくるのではないかと思っています。

## 公文書が作られなくなる

また、二〇一八年七月二〇日の「行政文書の管理の在り方等に関する閣僚会議」で出された政府方針では、まず、現在「特定秘密」の監視を行っている「独立公文書管理監」を局長級に格上げして、行政文書の管理状況を常時監視する機能を付与し、その下に、「公文書監察室」を、各府省に「公文書監理官室」を設置することになりました。他にも、職員の研修制度の充実化や、人事院指針に公文書の管理に関して懲戒規程を入れるということと、電子決裁の徹底化などが含まれています。

一見、改革が進んでいるように思えますが、実際には対症療法にしかなっていません。森友問題の文書改竄を、組織でなく個人の責任にしてしまったがゆえに、「改竄できなくするようにする」発想で対策が採られています。結果、根本的な原因である改竄が起きる土壌が何であったのかを考えておらず、公文書管理や情報公開のあり方を根本的に見直すことにはなりませんでした。

私は、森友・加計問題、中でも近畿財務局で起きた問題からは、「負の教訓」を得る人が大勢いるのではないかと危惧しています。

一言で言えば、近畿財務局は森友学園の決裁文書にいろいろなことを書きすぎたわけです。文書の中に安倍昭恵さんの名前をきちんと書いてしまったことがまずかった、問題だったと受け止めた官僚は多いはずです。そうなると、官僚は当たり障りのないことしか文書に残さないようになる。最初から書かなければ改竄する必要はないからです。改竄を罰することはできても、書かなかったことを罰することは不可能です。

ですから、懲戒規定を作っても、いや作ったことによってなおさら、行政文書が作られなくなる傾向に拍車がかかる可能性は高いと思います。

また、現場に担当官を置いたとしても、彼らにどのような権限を持たせるか、どのように教育を行うかということが問題になってきます。私には、安倍政権がそういったことまで理解した上でこの方針を決めているとは思えません。

ただ、そうはいってもこの改革の方向で進んでしまう以上、独立公文書管理監にはきちんと機能してもらうしかありません。そのためには、どのように各省庁への監督を行っているのかを、徹底的に公開すべきだと思います。「作るな」という指導をする可能性もありうる以上、管理監が行っていることの透明性が必要不可欠です。

なお、政府は二〇一九年三月二五日に「行政文書の電子的管理についての基本的な方針」を決定しました。公文書の管理の電子化を推進し、今後作成する公文書は電子媒体のものを正本・原本とすることになります。現在建設を予定している国立公文書館の新館完成予定の二〇二六年度を目途に、本格的な電子的管理に移行するとしています。紙文書で動いていた官僚組織が、電子文書で動くことに変わる以上、仕事の仕方も大きく変わる可能性があります。今後の動きに注視する必要があるでしょう。

## よりよい制度にするために

実際に政策決定過程を可視化していくためには、やはり今ある情報公開法や公文書管理法をよりよい方向に変えていく必要があります。

特に情報公開法の改正が必要です。実は、民主党政権の時に情報公開法を変えようという動きがあり、法案の提出にまで至っていました。そのときの改正案は、限界はありましたが、少しでも不開示の基準を緩くするという方向に向かおうとしていました。東日本大震災の影響もあって、実現するには至らなかったのですが。

その改正案の中にもありましたが、インカメラ（非公開）審理といわれる制度の導入も必要でしょう。今の制度では、市民が行政文書の不開示に対して行政訴訟を起こした時に、原告の側がなぜその不開示が不当であるかということを証明しなければなりません。また、裁判の公開原則があるため、原告に文書を見せない以上、裁判官すら訴訟の対象となっている文書を見ることができません。よって、原告が不開示を不当であると主張することは、簡単ではありません。インカメラ審理とは、裁判官のみがその文書を見ることができる制度です。裁判官が実際に文書を見ながら、不開示の正当性を判断するというもので、情報公開訴訟を大きく変える制度になるでしょう。

先に述べたように、私は公文書管理法をよくできた法律だと思っていますが、それでも変えなければいけない問題はあります。

それは情報公開法から引き継がれた、「組織的に用いる」という行政文書に関する定義です。「職務上作成した文書はすべて行政文書にする」としなければ、行政文書か否かの線引きがいつまでも問われることになってしまいますし、実際にそのようなことが起きているわけです。

さらに、検証可能な行政文書ファイルの作成も必要になります。今は決裁文書と途中過程の文書を、別のファイルに分けて管理していることが多いです。そうなると、決裁文書は三〇年間保存しなければいけないけれど、決定過程の文書は三年や五年で廃棄してよいということになっている。森友問題でも、決裁文書は三〇年間保存されますが、過程の文書の保存期間は一年未満だから廃棄した、という話になってしまったわけです。決定過程の文書も決裁文書と一緒のファイルに入れて保存する必要があります。

実は、野党の側がそのようなことを含めた公文書管理法の改正案を提出しています。その改正案をベースに国会できちんと議論が行われるべきだと思うのですが、与党の動きが鈍い、というのが現状です。

## 5　歴史の検証のために

### 「現在及び将来の国民に説明する責務」

公文書管理法には、「現在及び将来の国民に説明する責務」ということが書かれています。私も、公文書をきちんと作成して、いずれは公開をするということが絶対に必要だと思っています。ただ、公文書で明らかになるのは、あくまでも「行政にとっての真実」であって、その読解に際しては、歴史学における「資料批判」が必要になります。そのような限界はありますが、少なくとも行政の側が何を考えてこのようなことを行ったのか、ということについての真実は分かるわけです。それを検証することによって、新たな教訓や改善のヒントを得ることができます。だからこそ、きちんと公文書が作成されて、公開されることが必要になってくるのです。

ですが、政府がよく言い訳で使うのは「公開できないから、議事録を作らず議事概要を作って公開する」という常套句です。

最初に述べたように、もともと私は天皇制の研究者なので、明仁天皇の退位に関して二〇一七年にひらかれた皇室会議の記録を見たいのですが、議事録が残っておらず、議事概要しかありません。なぜ議事録を作らないのかという理由として菅義偉《すがよしひで》官房長官が述べたのが、前述の常套句です。

要するに公開できないから作れない、作らなくていいという理屈です。確かに、リアルタイムで公開できない情報はあるでしょう。しかし、三〇年経ったら公開できるかもしれないのです。当たり前の話ですが、文書の作成と公開とは、全く別次元の問題です。にもかかわらず、この二つが一体の問題として認識されてしまっている。

いつかは公開されることを前提に、歴史の検証に堪えうる文書をきちんと作成することが今後の重要な問題です。

**担当機関の充実を**

そして、そのことと同時に、重要な文書を保存し、公開する仕組みの充実化がやはり必要不可欠です。特に公文書管理の司令塔となる組織が絶対に必要です。きちんと機能させるためには、人事院クラスの組織は必須だと思いますので、私はずっと「公文書管理院」を作るべきだと主張しています。

ただ、どのように公文書をきちんと管理し、保存するのかということは、実は行政の効率化ともつながっている話です。ですから、「公文書管理院」を作って、その下に特定秘密の管理も含め、公文書管理を一元化させることが理想だと言っているわけですが、先述した総定員法の問題があって、公務員の数は自由に増やせません。この総定員法が大きな問題として立ち塞がっているのが現状です。

それに加えて、国立公文書館の権限の強化が絶対に必要です。国立公文書館は二〇〇一年に国家機関から独立行政法人に移行しました。「国が自ら主体となって直接に実施する必要のない」機関を独立行政法人とする（独立行政法人通則法第二条第一項）とされていますので、国の歴史的に重要な公文書の保存は、国がやる必要がない業務とされてしまったのです。もちろん総定員法の問題がありますから、独法化したことで定員を増やしやすくなったり、専門官を採りやすくなったというメリットもありました。よって、国家機関に戻すことの是非については議論が分かれるところかもしれません。

ただ、独法になったことによって、権限も弱まってしまったことは事実です。国立公文書館の現状は、残念ながら「来たモノを受け入れる」施設になってしまっています。特に防衛、公安関係の文書はほとんど移管されていません。公文書館の資料を調べてみると分かることですが、公安調査庁の文書は本当に意味のないものしか移管されていない。防衛省に関しては、重要な防衛秘密を移管せずに捨てていたことも明らかになっています。つまり、各省庁からどのような文書を移管するかという権限を、国立公文書館が持っていないということです。歴史的な観点からこれだけは移管してほしい、ということが実際には要求できていないわけです。

二〇一八年一二月、国立公文書館は、歴史的な文書を扱う専門職であるアーキビスト制度を作るため、いろいろな学会に問い合わせをしながら「アーキビストの職務基準書」を作りました。先に紹介した、各府省に設置する「公文書監理官室」に国立公文書館からアーキビストを派遣するということも、実験的に行われているようです。ただ、そこで求められているのは、いわゆる歴史文書だけではなく、現在使われている文書も含めた運用をどのようにきちんとするのかという能力です。一般的にはレコードマネージャーと言われることが多いのですが、その業務も国立公文書館はアーキビストの職務と考えているようです。名称はともかくとして、そのような立場の人間が、実際の公文書管理にもっと関わっていく必要はあると私は思います。

# おわりに——市民社会の力を

## 市民社会からの圧力の弱さと主権者教育の不足

これまで公文書管理の重要性について様々なことを述べてきました。にもかかわらず、なぜこれほど杜撰な公文書管理が許されているのでしょうか。

いろいろなことが考えられると思いますが、まず一つは、日本における市民社会からの圧力の弱さが挙げられます。日本の問題を考えるときに、よく引き合いに出されるのがアメリカの公文書管理制度の優秀さです。私の研究対象の時代には米軍による占領期も含まれていますので、アメリカの国立公文書館を使うのですが、本当にいろいろな文書が残っていて、楽しくてしょうがない。何日でも住み込んで読み続けたいぐらいです。

ですが、アメリカの国立公文書館にそのように重要な文書がたくさん残っているのは、記録を残すことや、国民に対する説明責任に対して、市民社会から大きな圧力が掛かっているからなんです。実際に、情報公開関係の巨大なNPOも存在していて、大勢の専業職員が、国防総省などに頻繁に情報公開をかけています。一回で一万を超えるファイル数が開示されるケースもあり、分析に携わる専門のスタッフを充実させている団体もあります。とにかくアメリカでは、記録は残すということが当たり前になっています。

それに比べて日本では、情報公開や公文書管理に対する社会からの圧力が明らかに弱い。これまでいろいろなことをお上に任せてきたということの結果でもあるわけです。

ただ、日本においても「アカウンタビリティ」(説明責任)を政府に求める声は年々高まっており、全く圧力がないわけではありません。市民運動やマスメディアからの情報公開を求める声は決して小さいわけではありません。

ですが、政府の説明責任の果たし方は、結果である決裁文書だけを見せることに多くの場合は留まっています。新自由主義の下では、トップダウンで即決することが尊ばれます。ここにおいて、「情報公開」をめぐる新自由主義と市民運動などとの意図の乖離が起きます。政策決定過程の開示を求める後者の考えは、前者からみると「非効率」なものとして考えられます。安倍政権の公文書管理改革が、政策決定過程を残すことに消極的になるのは、新自由主義改革の影響もあると言えるでしょう。

二つ目は、主権者教育の不足です。これは私たち研究者や教育に携わる人間にとってそのまま跳ね返ってくる、人ごとではない話です。

私は二〇一八年度に、高等専門学校、いわゆる高専で現代社会の授業を持っていたのですが、教科書を見ても「情報公開法」は太字で書かれてはいるものの、その内容についてはほとんど書かれていません。教科書の記述が少くても、授業で教えられればよいのですが、きちんと説明できる教師がどれほどいるのかははなはだ疑問ですし、そもそも社会科系の授業は教えることが多すぎて、具体的に解説している余裕はそれほどないでしょう。情報公開制度や、公文書管理制度がよく分からない人が多いのは仕方がないとすら思ってしまうのが現状です。こういった中で、結局公文書管理や情報公開が問題だと言われても、情報を読み解くことは難しいでしょう。

また、そもそも私たちは「熟議」をどこまで大切にしているのでしょうか。情報公開運動は、文書を公開し、市民を巻き込んだ政策を作っていくという意図を持ちます。しかし、それを目指した民主党政権は、利害対立の激化の中で、結局「何も決められない」とのレッテルを貼られることになりました。そして、内容の如何はともあれ、政治主導を掲げる「決められる」安倍政権が支持されているわけです。政治思想史研究者の野口雅弘氏は、「脱官僚」を掲げれば、政策決定をめぐる議論が噴出し、「決定の負荷」が重くなり、議論はすれども決められなくなることを指摘しています。

私たちがどのように政治と関わっていくのかに、情報公開や公文書管理のあり方は大きく関わっているのです。

## 「ポスト真実」社会と電子文書の問題

また、最近は「ポスト真実」(post-truth)ということがよく言われます。典型として、いわゆるトランプ現象がよく引き合いに出されます。アメリカのトランプ大統領について映像や活字でどんなに事実をあげて報道されても、それは真実ではない、トランプが言っていることだけが真実なのだ、と考える人が一定数いるわけです。たとえばトランプの大統領就任式に集まった人々の数は、前任のオバマの時よりも少なかったと新聞やニュース番組で報道されたことに対して、トランプはそれはウソだと言うわけです。人数の少なさは、映像にもはっきりと撮られていて、トランプの言うことの方がウソであることは明らかなのですが、それでもトランプを信じる人が多い。

要するに「真実」というものが必要とされていない、そういう人たちが増えてきている。少し話が飛ぶように思えるかもしれませんが、そのことと最近言われている「電子文書」の危うさの問題はつながっているように思います。

今は多くの文書が、コンピュータ上で電子文書として作られ、保存されていますが、そこでは、今までの紙の文書がもっていた、文書間のヒエラルキーがなくなってしまうんですね。

紙の文書では決裁文書が頂点に位置しています。課長に見せたものはその下、仲間内で閲覧したものはさらにその下、という感じでしょうか。何が重要で、何が重要ではないか、ということは、紙の文書では印鑑の有無という形で一目瞭然です。

ですが、電子文書ではその階層がなくなる。ディスプレイ上のフォルダに並べられた文書のファイルを見るだけではそのヒエラルキーは分かりません。つまり、電子文書は文書の価値体系を平準化する側面があるわけです。この考え方は私のオリジナルではなく、思想研究の人たちが言っていることなのですが、なるほどと思います。

政府は電子文書の管理方法として、フォルダを階層化して、重要度を分ける方法を考えているようですが、どこまで機能するのかを注視する必要があります。

## ニヒリズムを越えて

そして最後には、結局公文書自体が信用できるのかという問題が突き付けられているわけです。たとえば森友・加計問題では、公文書の形で決定的な情報が出されているにもかかわらず、政権側は文書を用いて反論するのではなく、口頭でやっていないと強弁してやり過ごそうとした。それに対して、多くの国民が納得しないまでも忘れていき、政権の支持率があがってゆく。そういう社会に私たちは生きているわけです。考えるだけでとても悲しくなってきます。

実際、私以外にもこういうニヒリズムに侵されてしまう、もうどうにもならないのではないかと思っている人もいると思います。

でも、やはり、おかしいことに対しては、おかしいと声を上げることが今の社会でも必要なのだろうと思います。私の立場で言えば、地道に公文書管理制度への理解を積み重ねていく努力を続けるしかないということになります。

皮肉な話ですが、公文書管理の問題については、森友・加計問題のおかげで、この一年で理解が深まってきたのではないかと感じています。この問題について取材を受けることが多いのですが、森友・加計問題以前は、記者に対して、公文書管理法について一から説明しなければいけないケースが結構ありました。でも今は、基本的な情報を理解している記者がほとんどです。やはり、なんでこんなひどい状況になっているのか、ということに対して、問題を認識し、理解しようとする人が増えてきているのだと思います。

今回お話ししたとおり、公文書管理制度にはまだまだ多くの課題が残されています。民主主義の根幹をなすこの制度を生かすも殺すも、私たち市民の側にかかっているのです。

【参考文献】

安藤正人・久保亨・吉田裕編『歴史学が問う 公文書の管理と情報公開――特定秘密保護法下の課題』大月書店、二〇一五年。
宇賀克也『逐条解説 公文書等の管理に関する法律』第三版、第一法規、二〇一五年。
右崎正博・三宅弘編『情報公開を進めるための公文書管理法解説』日本評論社、二〇一一年。
大黒岳彦「〈文書（ドキュメント）〉の存在論」『現代思想』第四六巻一〇号、二〇一八年六月号（特集・公文書とリアル)。

菊池信輝『日本型新自由主義とは何か——占領期改革からアベノミクスまで』岩波現代全書、二〇一六年。

日下部聡『武器としての情報公開——権力の「手の内」を見抜く』ちくま新書、二〇一八年。

久保亨・瀬畑源『国家と秘密——隠される公文書』集英社新書、二〇一四年。

瀬畑源『公文書をつかう——公文書管理制度と歴史研究』青弓社、二〇一一年。

瀬畑源『公文書問題——日本の「闇」の核心』集英社新書、二〇一八年。

野口雅弘『忖度と官僚制の政治学』青土社、二〇一八年。

布施祐仁・三浦英之『日報隠蔽——南スーダンで自衛隊は何を見たのか』集英社、二〇一八年。

前田健太郎「「小さな政府」と公文書管理」『現代思想』第四六巻一〇号、二〇一八年六月号(特集・公文書とリアル)。

松岡資明『アーカイブズが社会を変える——公文書管理法と情報革命』平凡社新書、二〇一一年。

松岡資明『公文書問題と日本の病理』平凡社新書、二〇一八年。

ローレンス・レペタ著、石井邦尚訳『闇を撃つ』日本評論社、二〇〇六年。

情報公開クリアリングハウスの調査報告など(三木由希子理事長) https://clearing-house.org/

*本ブックレットは、二〇一八年七月一九日に行われた公益財団法人政治経済研究所の公開研究会(於明治大学)での講演記録をもとに増補加筆したものです。書籍化をご了承下さった政治経済研究所にお礼申し上げます。

# ◆巻末資料

## 公文書等の管理に関する法律（平成二十一年法律第六十六号）抄

目次



### 第一章　総則

（目的）

第一条　この法律は、国及び独立行政法人等の諸活動や歴史的事実の記録である公文書等が、健全な民主主義の根幹を支える国民共有の知的資源として、主権者である国民が主体的に利用し得るものであることにかんがみ、国民主権の理念にのっとり、公文書等の管理に関する基本的事項を定めること等により、行政文書等の適正な管理、歴史公文書等の適切な保存及び利用等を図り、もって行政が適正かつ効率的に運営されるようにするとともに、国及び独立行政法人等の有するその諸活動を現在及び将来の国民に説明する責務が全うされるようにすることを目的とする。

（定義）

第二条　この法律において「行政機関」とは、次に掲げる機関をいう。

一　法律の規定に基づき内閣に置かれる機関（内閣府を除く。）及び内閣の所轄の下に置かれる機関

二～六　【略】

2　【略】

3　この法律において「国立公文書館等」とは、次に掲げる施設をいう。

一　独立行政法人国立公文書館（以下「国立公文書館」という。）の設置する公文書館

二　行政機関の施設及び独立行政法人等の施設であって、前号に掲げる施設に類する機能を有するものとして政令で定めるもの

4　この法律において「行政文書」とは、行政機関の職員が職務上作成し、又は取得した文書（図画及び電磁的記録（電子的方式、磁気的方式その他人の知覚によっては認識することができない方式で作られた記録をいう。以下同じ。）を含む。第十九条を除き、以下同じ。）であって、当該行政機関の職員が組織的に用いるものとして、当該行政機関が保有しているものをいう。ただし、次に掲げるものを除く。

一　官報、白書、新聞、雑誌、書籍その他不特定多数の者に販売することを目的として発行されるもの

二　特定歴史公文書等

三　政令で定める研究所その他の施設において、政令で定めるところにより、歴史的若しくは文化的な資料又は学術研

究用の資料として特別の管理がされているもの（前号に掲げるものを除く。）
5 【略】
6 この法律において「歴史公文書等」とは、歴史資料として重要な公文書その他の文書をいう。
7 この法律において「特定歴史公文書等」とは、歴史公文書等のうち、次に掲げるものをいう。
一 第八条第一項の規定により国立公文書館等に移管されたもの
二 第十一条第四項の規定により国立公文書館等に移管されたもの
三 第十四条第四項の規定により国立公文書館の設置する公文書館に移管されたもの
四 法人その他の団体（国及び独立行政法人等を除く。以下「法人等」という。）又は個人から国立公文書館等に寄贈され、又は寄託されたもの
8 この法律において「公文書等」とは、次に掲げるものをいう。
一 行政文書
二 法人文書
三 特定歴史公文書等

（他の法令との関係）
第三条 公文書等の管理については、他の法律又はこれに基づく命令に特別の定めがある場合を除くほか、この法律の定めるところによる。

## 第二章 行政文書の管理

### 第一節 文書の作成

第四条 行政機関の職員は、第一条の目的の達成に資するため、当該行政機関における経緯も含めた意思決定に至る過程並びに当該行政機関の事務及び事業の実績を合理的に跡付け、又は検証することができるよう、処理に係る事案が軽微なものである場合を除き、次に掲げる事項その他の事項について、文書を作成しなければならない。
一 法令の制定又は改廃及びその経緯
二 前号に定めるもののほか、閣議、関係行政機関の長で構成される会議又は省議（これらに準ずるものを含む。）の決定又は了解及びその経緯
三 複数の行政機関による申合せ又は他の行政機関若しくは地方公共団体に対して示す基準の設定及びその経緯
四 個人又は法人の権利義務の得喪及びその経緯
五 職員の人事に関する事項

### 第二節 行政文書の整理等

（整理）
第五条 行政機関の職員が行政文書を作成し、又は取得したときは、当該行政機関の長は、政令で定めるところにより、当該行政文書について分類し、名称を付するとともに、保存期間及び保存期間の満了する日を設定しなければならない。
2 行政機関の長は、能率的な事務又は事業の処理及び行政文書の適切な保存に資するよう、単独で管理することが適当であると認める行政文書を除き、適時に、相互に密接な関連を有する行政文書（保存期間を同じくすることが適当であるものに限る。）を一の集合物（以下「行政文書ファイル」という。）にまとめなければならない。
3 前項の場合において、行政機関の長は、政令で定めるとこ

ろにより、当該行政文書ファイルについて分類し、名称を付するとともに、保存期間及び保存期間の満了する日を設定しなければならない。
4　行政機関の長は、第一項及び前項の規定により設定した保存期間及び保存期間の満了する日を、政令で定めるところにより、延長することができる。
5　行政機関の長は、行政文書ファイル及び単独で管理している行政文書（以下「行政文書ファイル等」という。）について、保存期間（延長された場合にあっては、延長後の保存期間。以下同じ。）の満了前のできる限り早い時期に、保存期間が満了したときの措置として、歴史公文書等に該当するものにあっては政令で定めるところにより国立公文書館等への移管の措置を、それ以外のものにあっては廃棄の措置をとるべきことを定めなければならない。

（保存）
第六条　行政機関の長は、行政文書ファイル等について、当該行政文書ファイル等の保存期間の満了する日までの間、その内容、時の経過、利用の状況等に応じ、適切な保存及び利用を確保するために必要な場所において、適切な記録媒体により、識別を容易にするための措置を講じた上で保存しなければならない。
2　【略】

（行政文書ファイル管理簿）
第七条　行政機関の長は、行政文書ファイル等の管理を適切に行うため、政令で定めるところにより、行政文書ファイル等の分類、名称、保存期間、保存期間の満了する日、保存期間が満了したときの措置及び保存場所その他の必要な事項（行政機関の保有する情報の公開に関する法律（平成十一年法律第四十二号。以下「行政機関情報公開法」という。）第五条に規定する不開示情報に該当するものを除く。）を帳簿（以下「行政文書ファイル管理簿」という。）に記載しなければならない。ただし、政令で定める期間未満の保存期間が設定された行政文書ファイル等については、この限りでない。
2　行政機関の長は、行政文書ファイル管理簿について、政令で定めるところにより、当該行政機関の事務所に備えて一般の閲覧に供するとともに、電子情報処理組織を使用する方法その他の情報通信の技術を利用する方法により公表しなければならない。

（移管又は廃棄）
第八条　行政機関の長は、保存期間が満了した行政文書ファイル等について、第五条第五項の規定による定めに基づき、国立公文書館等に移管し、又は廃棄しなければならない。
2　行政機関（会計検査院を除く。以下この項、第四項、次条第三項、第十条第三項、第三十条及び第三十一条において同じ。）の長は、前項の規定により、保存期間が満了した行政文書ファイル等を廃棄しようとするときは、あらかじめ、内閣総理大臣に協議し、その同意を得なければならない。この場合において、内閣総理大臣の同意が得られないときは、当該行政機関の長は、当該行政文書ファイル等について、新たに保存期間及び保存期間の満了する日を設定しなければならない。
3　【略】
4　内閣総理大臣は、行政文書ファイル等について特に保存の必要があると認める場合には、当該行政文書ファイル等を保有する行政機関の長に対し、当該行政文書ファイル等について、廃棄の措置をとらないように求めることができる。

（管理状況の報告等）

第九条　行政機関の長は、行政文書ファイル管理簿の記載状況その他の行政文書の管理の状況について、毎年度、内閣総理大臣に報告しなければならない。

2　内閣総理大臣は、毎年度、前項の報告を取りまとめ、その概要を公表しなければならない。

3　内閣総理大臣は、第一項に定めるもののほか、行政文書の適正な管理を確保するために必要があると認める場合には、行政機関の長に対し、行政文書の管理について、その状況に関する報告若しくは資料の提出を求め、又は当該職員に実地調査をさせることができる。

4　内閣総理大臣は、前項の場合において歴史公文書等の適切な移管を確保するために必要があると認めるときは、国立公文書館に、当該報告若しくは資料の提出を求めさせ、又は実地調査をさせることができる。

（行政文書管理規則）

第十条　行政機関の長は、行政文書の管理が第四条から前条までの規定に基づき適正に行われることを確保するため、行政文書の管理に関する定め（以下「行政文書管理規則」という。）を設けなければならない。

2　【略】

3　行政機関の長は、行政文書管理規則を設けようとするときは、あらかじめ、内閣総理大臣に協議し、その同意を得なければならない。これを変更しようとするときも、同様とする。

4　行政機関の長は、行政文書管理規則を設けたときは、遅滞なく、これを公表しなければならない。これを変更したときも、同様とする。

第三章　法人文書の管理【略】

第四章　歴史公文書等の保存、利用等

第十四条　【略】

第十五条　国立公文書館等の長（国立公文書館等が行政機関の施設である場合にあってはその属する行政機関の長、国立公文書館等が独立行政法人等の施設である場合にあってはその施設を設置した独立行政法人等をいう。以下同じ。）は、特定歴史公文書等について、第二十五条の規定により廃棄されるに至る場合を除き、永久に保存しなければならない。

2～3　【略】

4　国立公文書館等の長は、政令で定めるところにより、特定歴史公文書等の分類、名称、移管又は寄贈若しくは寄託をした者の名称又は氏名、移管又は寄贈若しくは寄託を受けた時期及び保存場所その他の特定歴史公文書等の適切な保存を行い、及び適切な利用に資するために必要な事項を記載した目録を作成し、公表しなければならない。

（特定歴史公文書等の利用請求及びその取扱い）

第十六条　国立公文書館等の長は、当該国立公文書館等において保存されている特定歴史公文書等について前条第四項の目録の記載に従い利用の請求があった場合には、次に掲げる場合を除き、これを利用させなければならない。

一　当該特定歴史公文書等が行政機関の長から移管されたものであって、当該特定歴史公文書等に次に掲げる情報が記

録されている場合

イ　行政機関情報公開法第五条第一号に掲げる情報

ロ　行政機関情報公開法第五条第二号又は第六号イ若しくはホに掲げる情報

ハ　公にすることにより、国の安全が害されるおそれ、他国若しくは国際機関との信頼関係が損なわれるおそれ又は他国若しくは国際機関との交渉上不利益を被るおそれがあると当該特定歴史公文書等を移管した行政機関の長が認めることにつき相当の理由がある情報

ニ　公にすることにより、犯罪の予防、鎮圧又は捜査、公訴の維持、刑の執行その他の公共の安全と秩序の維持に支障を及ぼすおそれがあると当該特定歴史公文書等を移管した行政機関の長が認めることにつき相当の理由がある情報

二　【略】

三　当該特定歴史公文書等が国の機関（行政機関を除く。）から移管されたものであって、当該国の機関との合意において利用の制限を行うこととされている場合

四　【略】

2　国立公文書館等の長は、前項に規定する利用の請求（以下「利用請求」という。）に係る特定歴史公文書等が同項第一号又は第二号に該当するか否かについて判断するに当たっては、当該特定歴史公文書等が行政文書又は法人文書として作成又は取得されてからの時の経過を考慮するとともに、当該特定歴史公文書等に第八条第三項又は第十一条第五項の規定により意見が付されている場合には、当該意見を参酌しなければならない。

3　【略】

第十七条～第二十七条　【略】

## 第五章　公文書管理委員会

（委員会の設置）

第二十八条　内閣府に、公文書管理委員会（以下「委員会」という。）を置く。

2　委員会は、この法律の規定によりその権限に属させられた事項を処理する。

3　委員会の委員は、公文書等の管理に関して優れた識見を有する者のうちから、内閣総理大臣が任命する。

4　【略】

第二十九条～第三十条　【略】

## 第六章　雑則

（内閣総理大臣の勧告）

第三十一条　内閣総理大臣は、この法律を実施するため特に必要があると認める場合には、行政機関の長に対し、公文書等の管理について改善すべき旨の勧告をし、当該勧告の結果とられた措置について報告を求めることができる。

第三十二条～第三十三条　【略】

（地方公共団体の文書管理）

第三十四条　地方公共団体は、この法律の趣旨にのっとり、その保有する文書の適正な管理に関して必要な施策を策定し、及びこれを実施するよう努めなければならない。

【以下略】

瀬畑源

1976年東京生まれ．一橋大学大学院社会学研究科博士課程修了．長野県短期大学を経て，一橋大学，成城大学非常勤講師．日本近現代史(天皇制論)・公文書管理制度研究．著書に『公文書をつかう——公文書管理制度と歴史研究』(青弓社)，『公文書問題——日本の「闇」の核心』(集英社新書)，『国家と秘密——隠される公文書』(共著，集英社新書)，『平成の天皇制とは何か——制度と個人のはざまで』(共編，岩波書店)など．

公文書管理と民主主義
—なぜ、公文書は残されなければならないのか

岩波ブックレット 1000

2019年5月8日　第1刷発行

著　者　瀬《せ》畑《ばた》　源《はじめ》

発行者　岡本　厚

発行所　株式会社 岩波書店
〒101-8002 東京都千代田区一ツ橋2-5-5
電話案内 03-5210-4000　営業部 03-5210-4111
https://www.iwanami.co.jp/booklet/

印刷・製本　法令印刷　　装丁　副田高行　　表紙イラスト　藤原ヒロコ


ISBN 978-4-00-271000-6　　Printed in Japan